# BEI GRIN MACHT SICH IHR
# WISSEN BEZAHLT

AF143576

- Wir veröffentlichen Ihre Hausarbeit,
  Bachelor- und Masterarbeit

- Ihr eigenes eBook und Buch -
  weltweit in allen wichtigen Shops

- Verdienen Sie an jedem Verkauf

## Jetzt bei www.GRIN.com hochladen
## und kostenlos publizieren

Jewgenij Gamal

# Geschichte des Strafvollzuges vom Altertum bis 1871 unter Einschluss der Entwicklung in England, Irland und den USA

GRIN Verlag

**Bibliografische Information der Deutschen Nationalbibliothek:**

Die Deutsche Bibliothek verzeichnet diese Publikation in der Deutschen National-
bibliografie; detaillierte bibliografische Daten sind im Internet über http://dnb.d-
nb.de/ abrufbar.

**Impressum:**

Copyright © 2005 GRIN Verlag GmbH
Druck und Bindung: Books on Demand GmbH, Norderstedt Germany
ISBN: 978-3-638-93109-0

**Dieses Buch bei GRIN:**

http://www.grin.com/de/e-book/53269/geschichte-des-strafvollzuges-vom-altertum-
bis-1871-unter-einschluss-der

## GRIN - Your knowledge has value

Der GRIN Verlag publiziert seit 1998 wissenschaftliche Arbeiten von Studenten, Hochschullehrern und anderen Akademikern als eBook und gedrucktes Buch. Die Verlagswebsite www.grin.com ist die ideale Plattform zur Veröffentlichung von Hausarbeiten, Abschlussarbeiten, wissenschaftlichen Aufsätzen, Dissertationen und Fachbüchern.

## Besuchen Sie uns im Internet:

http://www.grin.com/

http://www.facebook.com/grincom

http://www.twitter.com/grin_com

Jewgenij Gamal

6. Semester

Berlin, 24. 10. 2005

Referat im Strafvollzug

**Geschichte des Strafvollzuges vom Altertum bis 1871 unter Einschluss der Entwicklung in England, Irland und den USA**

Wintersemester 2005/2006

# Gliederung

**Literaturverzeichnis**

Eisenhardt, Thilo                  Strafvollzug, Stuttgart/Berlin/Köln/Mainz
                                   1978


Kaiser, Günther                    Strafvollzug, 5. Auflage, Heidelberg 2002
Schöch, Heinz


Laubenthal, Klaus                  Strafvollzug, 2. Auflage, Berlin/Heidelberg
                                   1998


Schwind, Hans-Dieter               Strafvollzug in der Praxis, 2. Auflage,
Blau, Günter                       Berlin/New York 1988


Solbach, Günter                    Einführung in das Strafvollzugsrecht,
Hofmann, Hans Joachim              Köln/Berlin/Bonn/München 1982

## I. Frühformen der Freiheitsentziehung

### 1. Altertum

Die Ansätze des Gefängniswesens lassen sich schon im Altertum feststellen. Die Inhaftierung diente nicht dem Vollzug einer normierten zeitlichen Strafe, sondern primär zur Aufbewahrung des Täters bis zu dessen Aburteilung oder Hinrichtung. Manchmal sollte sie auch nur sicherstellen, dass Geldforderungen bzw. Schulden beglichen werden konnten. Das Schwergewicht der Strafen lag aber auf den Leibes- und Lebensstrafen. Diese dienten der Vergeltung der Tat sowie Abschreckung und Unschädlichmachung des Täters.[1] Die Haft war im Wesentlichen eine Untersuchungs- bzw. Schuldhaft; die eigentliche Freiheitsstrafe war dagegen nur eine abgewandelte Form der Leibesstrafe, wobei der Gefangene noch besonders gequält wurde. Es gab verschiedene einfache Einrichtungen, die man als Urformen des Gefängnisses ansehen kann. Vor allem waren es Gruben und ehemalige Brunnen, nach deren Muster noch bis ins Mittelalter einige Gefängnisse gebaut wurden (z.B. das Kölner Petersloch, das Nürnberger Lochgefängnis).[2]

### 2. Spätantike und Mittelalter

Die Zeit der Spätantike und des Mittelalters war geprägt durch den wachsenden Einfluss der Kirche auf das Strafrecht und den Strafvollzug. Es ist zu unterscheiden zwischen dem kirchlichen Strafvollzug und dem staatlichen.

### a. Kirchlicher Strafvollzug

In den ersten Jahrhunderten nach dem Zerfall des Weströmischen Reiches bestimmt wesentlich die Kirche Strafrecht und Strafvollzug. Mit dem Aufbau staatlicher Gewalt seit dem 9. Jh. hat sie zwar einen Teil ihrer weltlichen Strafgewalt an die Staatsgewalt abgeben müssen, sie ist aber in den nachfolgenden Jahrhunderten des Mittelalters für ihren eigenen Lebensbereich noch verantwortlich für Strafrecht und Strafvollzug. Ferner übt sie indirekt noch starken Einfluss auf die staatliche Rechtspflege aus.

---

[1] Eisenhardt, Strafvollzug, S. 12.
[2] Solbach, Einführung in das Strafvollzugsrecht, S. 32.

Sie ist somit auch für den weltlichen Bereich prägend, was Strafpraxis anbelangt. Die Kirche hat die negativen Seiten der Rechtspflege wesentlich bestimmt, allerdings auch schon früh positive Ansätze gezeigt. Reformideen sind zuerst im kirchlichen Bereich aufgekommen, so z.b. der erste Besserungsgedanke im Rahmen der Strafhaft. Diese Reformen hatten jedoch relativ wenig Einfluss auf die Strafpraxis und es überwogen bei weitem die negativen Seiten.[3]

Die kirchliche Strafvollzugspraxis könnte in drei Abschnitte unterteilt werden. Dies waren das Klostergefängnis, Gefängnis für Geistliche und das kirchliche Gefängnis für Laien.

### aa. Klostergefängnis

Ins Klostergefängnis wurden „unsittliche" Mönche und Nonnen eingesperrt. Der Zweck sollte darin bestehen, die Gefangenen durch Buße zu bessern. Bei leichten Vergehen wurden die Mönche in ihren Zellen eingesperrt, meistens jedoch im unterirdischen Verlies, ohne Türen und Fenster, in das man über eine Leiter hinabstieg. Die Gefangenen wurden auch gefesselt. Strafen waren vor allem die körperliche Züchtigung und eine Wasser-und-Brot-Ernährung.

### bb. Gefängnis für Geistliche

Neben den Klostergefängnissen gab es auch entsprechende Gefängnisse für Geistliche. Zwar wurden diese besser behandelt als die Inhaftierten der Klostergefängnisse doch war auch gegen Geistliche Körperstrafe üblich.[4]

### cc. Das kirchliche Gefängnis für Laien

Aufgrund des kirchlichen Einflusses hatte die Kirche Strafgewalt nicht nur über Klosterinsassen und Geistliche sondern auch über die Laien, d.h. über die Bevölkerung. In den ersten Jahrhunderten des nachchristlichen Jahrtausends bis zur Erstarkung der weltlichen Staatsgewalt hatte die Kirche sogar die ausschließliche Strafgewalt in einigen Regionen. Denn die weltlichen Vergehen bedeuteten gleichzeitig auch Sünde im kirchlichen Sinne.

---

[3] Eisenhardt, Strafvollzug, S. 19.
[4] Eisenhardt, Strafvollzug, S. 23, 24.

**b. Staatlicher Strafvollzug**

Vom 13. Jh. an fand der Gedanke der Freiheitsstrafe allmählich Eingang in verschiedene Stadtrechte. Der Freiheitsstrafe fehlte jedoch jeder Erziehungsgedanke, auch diente sie vorwiegend nicht als eigene Strafe, sondern als Milderung der Todesstrafe sowie als Alternative zu einer Geldstrafe, wenn der Täter insolvent war.[5] Die Freiheitsstrafe spielte gegenüber dem noch vorherrschenden System von Leibes- und Lebensstrafen eine untergeordnete Rolle.[6] Der Vollzug der Freiheitsstrafe geschah in Stadttürmen, Rathauskellern und Burgverliesen, oft unter unmenschlichen Bedingungen. Der Gefangene litt bei Dunkelheit, Kälte und Hunger körperliche Qualen. Die Wirkung solch einer Freiheitsstrafe glich einer Leibesstrafe.[7] Die Peinliche Gerichtsordnung Karls V. von 1532 (das erste Reichsstrafgesetzbuch) führte dann die Gefängnisstrafe als eigenständige regelmäßige Sanktion neben Leibes- und Lebensstrafen ein.

**II. Freiheitsentzug in der Neuzeit**

**1. Der Beginn der modernen Freiheitsstrafe**

Der Beginn der modernen Freiheitsstrafe wird auf Mitte bis Ende des 16. Jh. datiert. Sie beruhte auf mehreren Einflüssen: religiöses Besinnen, verstärkte Armenfürsorge, bedingt durch die starke Betroffenheit von Kindern und Jugendlichen und die veränderte Einstellung gegenüber Bettlern und Vagabunden einerseits, sowie wirtschaftliche Gründe, ein verstärktes gesellschaftliches Bedürfnis nach Sozialdisziplinierung und Kontrolle und die Entstehung des modernen Staates andererseits. Das Anschwellen des Bettler- und Vagabundenwesens war bedingt in ganz Europa vor allem durch die Folgen der Kreuzzüge. Nach deren Beendigung tauchten nämlich in fast allen europäischen Staaten Horden der ehemaligen Kriegsleute auf, die als Vagabunden, Diebe und Bettler zu einer wahren Landplage wurden.[8] Der Hauptzweck der Freiheitsstrafe lag nicht mehr wie bei den früheren Freiheitsstrafen in der Vergeltung für begangenes Unrecht, Abschreckung und Unschädlichmachung. Vielmehr verfolgte man jetzt Ziele der Besserung und Resozialisierung der Straftäter.[9]

---

[5] Kaiser/Schöch, Strafvollzug, § 2 Rn. 2.
[6] Laubenthal, Strafvollzug, Rn. 75.
[7] Solbach, Einführung in das Strafvollzugsrecht, S. 33.
[8] Schwind/Blau, Strafvollzug in der Praxis, S. 4.
[9] Kaiser/Schöch, Strafvollzug, § 2 Rn. 3.

Zur gleichen Zeit gingen sozial-religiöse Impulse vom Calvinismus aus. Die calvinistische Berufs- und Arbeitsethik verlangte eine strenge Bekämpfung des Bettlertums, der Armut und des Diebstahls mittels Disziplinierung in Form von nützlicher Arbeit. Da im Müßiggang etwas Gott Zuwiderstehendes lag, sollte der Bestrafte durch harte Arbeit wieder ein rechtes Verhältnis zu Arbeit und Berufspflichten erlangen und zu Gott gezwungen werden.[10]

Diese Entwicklung ging von mehreren Orten in Europa aus. Ihren frühesten Ausdruck fand sie in England. Dort richtete die Stadt London in dem Schloss Bridewell im Jahr 1555 ein Arbeitshaus ein, dem in der Folgezeit in den Grafschaften die Eröffnung einer Vielzahl sog. „houses of corrections" folgte. In diesen Arbeits- und Werkhäusern sollten vor allem Bettler, Landstreicher, Prostituierte und kleine Diebe an Arbeit gewöhnt werden, um sie auf diese Weise in die Gesellschaft besser wieder eingliedern zu können. Bridewell wurde im Laufe der folgenden Jahre zum Vorbild für zahlreiche andere Arbeits- und Werkhäuser, die nach seinem Namen oft „bridewells" genannt wurden.[11]

Während die englischen Korrektionshäuser mehr der Bekämpfung bestimmter sozialer Auffälligkeiten dienten, wurde der Gedanke des Besserungsvollzuges gerade für Straftäter 1595 in Holland mit der Gründung des Amsterdamer Zuchthauses für Männer und zwei Jahre später eines Spinnhauses für Frauen realisiert. Mitbestimmend für die Gründung des Zuchthauses neben den englischen „bridewells" war die Entscheidung eines Amsterdamer Schöffengerichts, einen jugendlichen Dieb nicht in der gewohnten Weise zum Tode zu verurteilen, sondern Erziehung und Besserung des Täters zu verlangen.[12]

Das Amsterdamer Zuchthaus gilt als erste Strafvollzugsanstalt im modernen Sinne. In ihr lebten etwa 150 Personen in kleinen Gemeinschaftsräumen. Tagsüber waren sie mit Holzraspeln bzw. Spinnereiarbeiten sowie mit seelsorgerischem Unterricht beschäftigt. Durch harte Arbeit und Religion als Zuchtmittel sollten sie gebessert und an das soziale Leben gewöhnt werden, damit sie wieder brauchbare Mitglieder der Gesellschaft darstellten.[13] Die Insassen des Zuchthauses erhielten ausreichend Nahrung,

---

[10] Laubenthal, Strafvollzug, Rn. 77.
[11] Laubenthal, Strafvollzug, Rn. 78.
[12] Kaiser/Schöch, Strafvollzug, § 2 Rn. 5.
[13] Laubenthal, Strafvollzug, Rn. 79.

ärztliche Versorgung und für ihre Arbeit eine Prämie, die teils sofort, teils erst bei der Entlassung ausgezahlt wurde.[14]

Die Anstalten in Amsterdam erlangten bald Vorbildfunktion für die Errichtung von Strafanstalten in ganz Europa. Die Hauptmerkmale des Amsterdamer Systems waren Zwangsarbeit, die Aufrechterhaltung der Ordnung durch physischen Zwang und mäßige Öffentlichkeit.[15]

## 2. Rückschläge in der Entwicklung des Freiheitsentzuges

Neben dem Aufkommen moderner Zuchthäuser in England, Holland und Deutschland und, weitgehend unbeeinflusst von dem dort angewandten Erziehungs- und Besserungskonzept, existierte jedoch weiterhin der am bloßen Vergeltungsgedanken orientierte Freiheitsentzug fort. Die Ausgestaltung dieser Sanktion hatte nichts mit den fortschrittlichen Ideen der Amsterdamer Anstalten gemein. Die Inhaftierten wurden in alten Verliesen, Rathauskellern und Stadttürmen ohne jegliche Arbeit bei schmaler Kost angekettet gehalten oder in den Bock gespannt.[16]

Auch bei den Zuchthäusern selbst setzte schon im 17. Jh. ein deutlicher Verfallsprozess ein. Dieser war in Deutschland bedingt durch den Einfluss des Dreißigjährigen Krieges. Die Zuchthäuser dienten neben dem Strafvollzug bald auch als Irren-, Armen- und Waisenhäuser. Wegen Überfüllung war eine getrennte Unterbringung von Männern, Frauen und Jugendlichen nicht möglich. Infolge unzureichender hygienischer Einrichtungen stieg die Sterblichkeit. Zur Aufrechterhaltung innerer Ordnung wurden Prügel und Dunkelarrest angewandt.[17]

Ferner führte der Einfluss des Merkantilismus dazu bei, dass der ursprüngliche Gedanke der Besserung durch Arbeit ganz hinter ökonomische Interessen zurücktrat. Man entdeckte in der großen Zahl der Zuchthausinsassen ein reichhaltiges Potenzial billiger Arbeitskräfte. Diese wurden im Laufe der Zeit zur Hebung der innerstaatlichen Produktion zunehmend in den Fabrikationsprozess eingegliedert und sogar an Privatunternehmer verpachtet, denen es allein auf Gewinnerzielung ankam und nicht auf Förderung von Maßnahmen zur sozialen Integration Gefangener. Ende des 17. Jh. wird damit ein Bedeutungswandel sichtbar:

---

[14] Solbach, Einführung in das Strafvollzugsrecht, S. 34.
[15] Kaiser/Schöch, Strafvollzug, § 2 Rn. 5.
[16] Kaiser/Schöch, Strafvollzug, § 2 Rn. 7.
[17] Solbach, Einführung in das Strafvollzugsrecht, S. 34.

Die als nicht entehrende Maßnahme zur erzieherischen Beeinflussung des Rechtsbrechers konzipierte Zuchthausstrafe gilt nunmehr gegenüber dem Kerker als die schwerere Sanktionsform. Im 18. Jh. ist das Gefängnis schließlich Kloake, Verbrecherschule, Bordell, Spielhölle und Schnapskneipe, nur nicht eine Anstalt im Dienste des Strafrechts zur Bekämpfung des Verbrechens. Eine konsequente Durchführung des Besserungsvollzuges findet zu jener Zeit nur noch in ganz wenigen Einrichtungen statt. Zu diesen zählen etwa das 1703 von Papst Clemens XI. in San Michele bei Rom gegründete „Böse-Buben-Haus" sowie das 1775 in Gent eröffnete „Maison de Force".[18]

### 3. Erneute Reformen des Vollzugswesens

Der Niedergang des Gefängniswesens und die damit einhergehenden Missstände in den Anstalten lösten im 18. Jh. unter dem Einfluss humanistischer Strömungen der Aufklärung erneut Reformbestrebungen in Europa aus.

Der Engländer John Howard (1726-1790), der durch eigene Gefangenschaft und durch spätere Besuche mehrerer europäischer Gefängnisse die Verhältnisse im Strafvollzug kennen lernte, war der einflussreichste Reformer dieser Zeit. Seinen Reformvorschlägen stellte er das Motto voran: „Macht die Menschen fleißig und sie werden ehrlich sein". Howard schlug unter anderem folgendes vor: Isolierung der Gefangenen bei Tag und Nacht, um einer kriminellen Ansteckung entgegenzuwirken; sinnvolle Beschäftigung aller Gefangenen, verbunden mit Zahlung von Arbeitsbelohnung; Hausgeld zum Einkauf; Rücklage für den Tag der Entlassung; gesunde Ernährung und Herstellung hygienischer Zustände; Einführung eines Stufenvollzuges, d.h. Gefangene können sich durch Fleiß und Wohlverdienen hochdienen.[19]

In der Formulierung dieser Gedanken und Vorschläge Howards wird der Beginn der Neuzeit unseres Vollzugswesens gesehen.[20] In Deutschland schloss sich Howard Heinrich Wagnitz (1755-1838) an, ein evangelischer Strafanstaltspfarrer, der eine erste Situationsanalyse des Strafvollzuges erstellte. Wagnitz forderte eine erzieherische Behandlung der Gefangenen,

[18] Laubenthal, Strafvollzug, Rn. 81, 82.
[19] Eisenhardt, Strafvollzug, S. 39.
[20] Schwind/Blau, Strafvollzug in der Praxis, S. 7.

eine bessere Ausbildung des Gefängnispersonals und eine Nachbetreuung nach der Entlassung.[21]

## 4. Nordamerikanische Vollzugssysteme

Zwar kam es unter Howards Einfluss Ende des 18. Jh. noch in England zum Bau erster Zellengefängnisse. Es war aber vor allem die nordamerikanische Gefängnisbewegung, die dessen Vorstellungen aufgriff und diese Reformansätze fortsetzte, die ihrerseits vor allem nach England und Deutschland zurück hinübergewirkt haben.

### a. Das Pennsylvanische System

Den Anfang bildeten die Quäker 1776 mit einer Vereinigung für Gefangenenhilfe in Philadelphia, im Staat Pennsylvania. Ihre Grundidee im Strafvollzug war, die Gefangenen durch Buße mit Gott zu versöhnen; diese Idee geht davon aus, dass sich der Rechtsbrecher von Gott abgewendet hat und wider zu ihm geführt werden muss.[22] Nachdem diese Gesellschaft durch den Unabhängigkeitskrieg aufgelöst werden musste, wurde sie 1787 neu gegründet. Es wurde zunächst eine Strafanstalt mit 30 Haftplätzen in Philadelphia errichtet. Es war die erste Anstalt des sog. „Pennsylvanischen Systems". Kontakt hatten die Gefangenen dort nur zu den Aufsichtsbeamten, als Lesestoff stand ihnen die Bibel zur Verfügung. In strenger Einzelhaft bei Tag und Nacht und ohne jede Arbeit sollten die Gefangenen zu innerer Einkehr, zur Buße und Versöhnung mit Gott gebracht werden.[23]

Dies war der Beginn der Einzelhaft. In Fortführung dieses Konzepts entstand 1818 bei Pittsburgh das erste große Zellengefängnis, das „Western Penitentiary" („Westliches Bußhaus"). Ihm folgte das 1829 in Philadelphia erbaute „Eastern Penitentiary" („Östliches Bußhaus"). Im Gegensatz zu der kreisförmigen Anlage der Anstalt bei Pittsburgh, die sich so schlecht bewährt hatte, dass man sie bereits 1833 abreißen musste, errichtete man das „Eastern Penitentiary" als eingeschossigen sternförmigen Flügelbau mit 7 Flügeln. In der Strahlenbauweise erstellt, konnte zentral platziertes Aufsichtspersonal vom Mittelpunkt der Anstalt aus sämtliche Einzelzellen überwachen. In diesen verbrachten die Insassen ihre Haftzeit in

---

[21] Eisenhardt, Strafvollzug, S. 39.
[22] Schwind/Blau, Strafvollzug in der Praxis, S. 7.
[23] Kaiser/Schöch, Strafvollzug, § 2 Rn. 15.

uneingeschränkter Einsamkeit. Die strenge Isolation war derart perfektioniert, dass sich die Gefangenen selbst beim Kirchenbesuch in getrennten Boxen befanden, aus denen heraus sie nur den Geistlichen sehen konnten.[24] Einerseits erlangte das „Eastern Penitentiary" bald Bedeutung als Mustergefängnis für den Vollzug strengster Einzelhaft, das sog. „solitary-system". Andererseits wurde dieses strenge System auch kritisiert, was schon bald in Philadelphia selbst zu Lockerungen des Vollzugs durch Arbeit in der Zelle und Besuche ausgewählter Persönlichkeiten führte. Befürchtet wurde, dass die Übertreibung der Isolation den Gefangenen vollständig sozial entfremdete und zudem gesundheitliche Schäden hervorrief.[25]

**b. Das Auburnsche System**

Aus dieser Kritik des „solitary-systems" der Philadelphischen Anstalten entstand die amerikanische Gegenbewegung, die mit der Gründung einer eigenen Anstalt 1823 in Auburn im Staat New York die Grundlage des „Auburnschen Systems" schuf. Dieses System sah eine nächtliche Isolierung und gemeinsame Tagesarbeit der Gefangenen bei strengstem Schweigegebot vor, sog. „silent-system".

Der Grund für die Entwicklung beider amerikanischen Reformsysteme in Form von Einzelhaft lag vor allem in der Gefahr krimineller Ansteckung bei der unterschiedslosen Zusammenballung von Gefangenen auf engstem Raum. Die dauerhafte Isolation im Pennsylvanischen System bzw. das strenge Schweigegebot bei aufgehobener Isolierung am Tag im Auburnschen System sollte der Infektion wirksam vorbeugen.[26]

Allerdings konnte das Kommunikationsverbot in der Praxis nur durch brutale körperliche Misshandlungen bei Verstößen durchgesetzt werden.

Die Realisierung divergierender Vollzugsformen in Philadelphia und Auburn leitete einen Systemstreit ein, der die Reform des Gefängniswesens in den anderen Bundesstaaten weitgehend verhinderte. Schließlich behauptete sich in den USA aus ökonomischen Gründen das Auburnsche „silent-system", denn zum einen eröffnete die fabrikmäßige Gestaltung der Gefängniswerkstätten Möglichkeiten zur Gewinnerzielung, zum anderen

---

[24] Laubenthal, Strafvollzug, Rn. 87.
[25] Kaiser/Schöch, Strafvollzug, § 2 Rn. 15.
[26] Kaiser/Schöch, Strafvollzug, § 2 Rn. 16.

erwies sich die Errichtung von Einzelhaftanstalten nach dem pennsylvanischen „solitary-system" als die teurere Alternative.[27]

## 5. Englisches Progressivsystem

Im Europa des 19. Jh. dominierte im Gegensatz zu Nordamerika in modifizierter Form das pennsylvanische „solitary-system". In England wurde 1842 das Gefängnis Pentonville (bei London) errichtet. Hier stellte die Einzelhaft nur noch ein Glied in einem an Besserungsideen orientierten Stufen-Strafvollzug dar, dem sog. „Englischen Progressivsystem". Die Anstalt war zunächst als Ausgangsvollzug der Deportationsstrafe bestimmt, wobei die Verurteilten durch Wohlverhalten während der Einzelhaft und der sich daran anschließenden Phase der Gefängnisarbeit ihre Verbannung in die australische Kolonie erreichten. Dort kam es dann bei guter Führung zum Erlass der Reststrafe auf dem Gnadenweg.[28]

Bedingt durch die Proteste australischer Siedler mussten die Deportationen eingestellt werden. Dies bedingte die Schaffung eines veränderten Progressivsystems. Dabei beachtete man den Gedanken, dass ein abrupter Übergang von der strengen Einzelhaft in die Freiheit eine soziale Integration der Entlassenen gefährden konnte. Der Vollzug des englischen Stufenstrafvollzugs erfolgte daher ab 1857 in drei Stadien:

1. Neun Monate strenge Einzelhaft ohne jegliche Vergünstigungen verbunden mit harter Arbeit, Unterricht und Zuspruch des Gefängnisgeistlichen zum Zweck der sittlichen Umkehr des Inhaftierten.

2. Bei guter Führung Gemeinschaftshaft und Beschäftigung in drei Klassen unterteilter Arten von Gemeinschaftsarbeit. Im Rahmen eines „mark-system" durch Verdienen oder Entzug von Marken Möglichkeit zum Aufstieg in die nächsthöhere Klasse bzw. Degradierung bis hin zur Rückkehr in die Einzelhaft.

3. Nach erfolgreichem Aufstieg in die erste Klasse Anspruch auf vorläufige Entlassung nach Verbüßen von drei Viertel der verhängten Strafe.[29]

## 6. Irisches System

Das englische Progressivsystem wurde 1851 von Sir Walter Crofton zum „Irischen System" weiterentwickelt. Bei diesem wurde zwischen

---

[27] Laubenthal, Strafvollzug, Rn. 88.
[28] Laubenthal, Strafvollzug, Rn. 89.
[29] Laubenthal, Strafvollzug, Rn. 89.

Gemeinschaftshaft und vorläufiger Entlassung noch eine Zwischenstufe, eine Art Übergangshaus eingebaut. Man setzte die Gefangenen für landwirtschaftliche Arbeiten außerhalb der Anstalt ein. Kontakte mit der Bevölkerung wurden gefördert und die Gefangenen konnten sich schon bei den Arbeitgebern in diesem Zwischenstadium bewähren. Auf diese Weise wollte man dem Häftling den Übergang von der Haft zur Freiheit erleichtern. Äußeres Zeichen dieser Bestrebung war die Befreiung vom Zwang zum Tragen besonderer Anstaltskleidung.[30]

### 7. Entwicklung in den deutschen Partikularstaaten

Die angloamerikanische Systemkonkurrenz beeinflusste auch das Vollzugswesen in Deutschland. Hier kam die Reform aber nur langsam voran. In Erkenntnis der Missstände in den Gefängnissen legte das Preußische Justizministerium 1804 den „Generalplan zur Einführung einer besseren Criminal-Gerichts-Verfassung und zur Verbesserung der Gefängnis- und Straf-Anstalten" vor. Dieser beinhaltete als wesentliche Neuerungen eine Klassifizierung der Gefangenen nach besserungsfähigen und unerziehbaren Straftätern, eine Differenzierung zwischen Untersuchungs- und Strafhaft, Vorschriften über Arbeitserziehung und Ansätze eines Stufenstrafvollzugs.[31]

Dieser Generalplan musste aber aufgrund der napoleonischen Kriege (1806-1815) und fehlender Finanzmittel zur Seite gelegt werden. Zudem entstand auf der Grundlage der Aufklärungsphilosophie von Kant eine neue Straftheorie, die von Anselm von Feuerbach entwickelt wurde. Danach konnte der Täter mit seinem freien Willen selbst entscheiden, ob er noch mal straffällig werden will oder nicht. Wenn der Staat den Täter bessern will, so verletzt er dessen freien Willen und somit seine Menschenwürde. Es kommt demnach zu einer unzulässigen Kompetenzüberschreitung des Staates. So trat der Besserungsgedanke gegenüber den Zielen einer gerechten Tatverschuldung und Generalprävention vollständig zurück.[32] Als Folge beschränkte man sich in den Strafvollzugsanstalten auf die Ausgestaltung der äußeren Ordnung. Es dominierten äußere Sauberkeit, geregelter Arbeitsgang, Pünktlichkeit und strenge Disziplin. Die Aufsicht oblag meist ehemaligen Offizieren bzw. Unteroffizieren, die den Vollzug

---

[30] Kaiser/Schöch, Strafvollzug, § 2 Rn. 19.
[31] Laubenthal, Strafvollzug, Rn. 91.
[32] Kaiser/Schöch, Strafvollzug, § 2 Rn. 21.

nach hierarchisch-militärischen Grundsätzen gestalteten. Es kam zu einer Degradierung der Insassen zu Nummern, mit denen sie auch angesprochen wurden.[33] Da das Geld für neue Anstalten fehlte, die Kriminalität aber zunahm, blieb nichts anderes übrig als Anstalten in ausgedienten Schlössern und Klöstern zu errichten. Damit kehrte man praktisch zu den Zuständen des 18. Jh. zurück.[34]

Diese Missstände lösten in den zwanziger Jahren des 19. Jh. wiederum neue Reformimpulse aus. Es begannen sich Gefängnisgesellschaften und Gefängnisfürsorgevereine auf christlicher Grundlage zu etablieren. Erste deutsche Gefängnisgesellschaften waren die 1826 auf Initiative des Seelsorgers Theodor Fliedner gegründete Rheinisch-Westfälische Gefängnisgesellschaft sowie der Berliner Schutzverein von 1827. Diese betrieben nicht nur Entlassenenfürsorge. Getragen vom Leitbild des Gefängnisses als Besserungsanstalt bemühten sie sich um die Ausbildung und seelsorgerische Betreuung der Inhaftierten.

Die Idee des Besserungsvollzugs stand auch für die zur gleichen Zeit sich entwickelnde Gefängniswissenschaft im Vordergrund. Wesentlich geprägt wurde diese von dem Hamburger Arzt Nikolaus Julius. Die am Besserungsgedanken orientierten Gefängniswissenschaftler setzten sich über die Vorzüge unterschiedlicher angloamerikanischer Organisationsmodelle auseinander. Richtungsweisend für die Durchsetzung der Einzelhaft war der 1846 nach Frankfurt einberufene Erste Internationale Gefängniskongress, der sich mit überwiegender Mehrheit für dieses System aussprach.[35] So kam es in einigen deutschen Partikularstaaten zum Bau von Haftanstalten nach pennsylvanischem Muster. Vorbildfunktion erlangten insoweit die 1848 eröffnete badische Zellenstrafanstalt in Bruchsal und das Zellengefängnis Berlin-Moabit. Die hohen Kosten des Einzelhaftsystems, die wegen der Notwendigkeit von Neubauten entstanden, führten jedoch zu einer Abkehr von den strahlenförmig angelegten Gefängnissen. Die Anstaltsneubauten enthielten sowohl Gemeinschafts- wie Einzelzellen, maßgeblich für die Art ihrer Anlage waren nicht Vorstellungen über Straf- und Vollzugssystem, sondern der Grundsatz der Sicherheit nach außen und innen.[36]

---

[33] Laubenthal, Strafvollzug, Rn. 91.
[34] Eisenhardt, Strafvollzug, S. 45.
[35] Laubenthal, Strafvollzug, Rn. 93.
[36] Solbach, Einführung in das Strafvollzugsrecht, S. 36.

Somit fand sich in der zweiten Hälfte des 19. Jh. ein Nebeneinander unterschiedlicher Systeme und Formen der Inhaftierung. Es bestand im Deutschen Bund keine einheitliche Regelung über den Strafvollzug, vielmehr betrachtete in einzelnen Staaten die Regierung beliebig die Vollstreckung der Freiheitsstrafen und die Einrichtung der Strafanstalten als Sache der Verwaltung.[37]

---

[37] Laubenthal, Strafvollzug, Rn. 95.

III. Zusammenfassung

## Geschichte des Strafvollzuges vom Altertum bis 1871 unter Einschluss der Entwicklung in England, Irland und den USA

### I. Frühformen der Freiheitsentziehung

### 1. Altertum

- Inhaftierung zur Aufbewahrung des Täters bis Aburteilung oder Hinrichtung; Schwergewicht auf Leibes- und Lebensstrafen; vereinzelt Freiheitsstrafe (verbunden mit Quälerei) als abgewandelte Form der Leibesstrafe; Ziel: Vergeltung der Tat sowie Abschreckung und Unschädlichmachung des Täters; meist Gruben und ehemalige Brunnen als Gefängnisse

### 2. Spätantike und Mittelalter

- Kirche großen Einfluss auf Strafrecht und Strafvollzug und auch sonst auf weltlichen Bereich; parallele Existenz von kirchlichem und staatlichem Strafvollzug; erste Reformideen im kirchlichen Bereich (Besserung durch Buße); Kirchlicher Strafvollzug: Klostergefängnis, Gefängnis für Geistliche, kirchliches Gefängnis für Laien; Staatlicher Strafvollzug: Freiheitsstrafe in Stadtrechte aufgenommen (13. Jh.); jedoch kein Erziehungsgedanke, untergeordnete Rolle gegenüber vorherrschendem System von Leibes- und Lebensstrafen; Vollzug in Stadttürmen, Rathauskellern, Burgverliesen bei Dunkelheit, Kälte, Hunger
- Peinliche Gerichtsordnung Karls V. von 1532 (erstes Reichsstrafgesetzbuch)

### II. Freiheitsentzug in der Neuzeit

### 1. Europa

- Beginn moderner Freiheitsstrafe Mitte/Ende 16. Jh.; Einflüsse: religiöses Besinnen, verstärkte Armenfürsorge, Bettler- und Vagabundenunwesen als Folge der Kreuzzüge, Entstehung modernen Staates
- Besserung und Resozialisierung der Straftäter
- Ab 1555 Arbeits- und Werkhäuser nach engl. Vorbild der „houses of corrections"; hier Bettler, Landstreicher, Prostituierte, kleine Diebe an Arbeit gewöhnt, um bessere Integration in Gesellschaft

- Ab 1595 Errichtung von Zuchthäusern nach Amsterdamer Vorbild; Insassen mit Arbeit und Religion beschäftigt; ausreichend Nahrung, ärztliche Versorgung und Geldprämie

- Aber paralleles Fortbestehen am Vergeltungsgedanken orientierten Freiheitsentzuges; Gefangene in Rathauskellern, Stadttürmen ohne Arbeit bei schmaler Kost

- Im 17. Jh. deutlicher Verfallprozess auch in Zuchthäusern wegen Dreißigjährigen Krieges; Zuchthäuser neben Strafvollzug auch als Irren-, Armen- und Waisenhäuser; Überfüllung und unzureichende Hygiene; zur Ordnung Prügel und Dunkelarrest

- Unter Einfluss des Merkantilismus Inhaftierte als billige Arbeitskraft; Besserungsgedanke verschwindet hinter ökonomischen Interessen/Gewinnerzielung

- Aufgrund dieser Missstände Reformbestrebungen im 18. Jh. unter Einfluss der Aufklärung

- Engl. Reformer John Howard: Isolierung Gefangener rund um die Uhr, um krimineller Ansteckung entgegenzuwirken, sinnvolle Beschäftigung, Zahlung von Arbeitsbelohnung, gesunde Ernährung und Hygiene

- Anhänger Howards in Deutschland evang. Strafanstaltspfarrer Heinrich Wagnitz: erzieherische Behandlung Gefangener, bessere Ausbildung Gefängnispersonals, Nachbetreuung nach Entlassung

## 2. Nordamerika

- Aufgreifen und Fortsetzen Ideen Howards

- 1776 Beginn der Einzelhaft, „Pennsylvanisches System"(solitary-system): bei Einzelhaft Tag und Nacht ohne Arbeit soll Gefangener zu innerer Einkehr, Buße und Versöhnung mit Gott gebracht werden, Kontakt nur zu Aufsichtspersonal, als Lesestoff nur Bibel; 1829 großes Zellengefängnis „Eastern Penitentiary" als sternförmiger Flügelbau mit zentral platziertem Aufsichtspersonal

- „Eastern Penitentiary" Vorbildgefängnis, aber auch Kritik des strengen Einzelhaftsystems, da Befürchtung sozialer Entfremdung und gesundheitlicher Schäden bei Häftlingen

- 1823 „Auburnsches System" (silent-system): Isolierung nachts, gemeinsame Tagesarbeit mit Schweigen; Schweigen nur durch brutale Körperstrafe erzwungen

- In USA „Auburnsches System" durchgesetzt, da u.a. kostengünstiger

### 3. Englisches Progressivsystem

- In Europa „Pennsylvanisches System" in modifizierter Form; 1842 Gefängnis Pentonville (bei London), Stufenstrafvollzug: 1) 9 Monate Einzelhaft, harte Arbeit, 2) bei Guter Führung Gemeinschaftshaft und – arbeit, 3) bei Erfolgreichem Aufstieg Anspruch auf vorläufige Entlassung, wenn ¾ Strafe verbüßt

### 4. Irisches System

- Modifizierung des engl. Progressivsystems; zwischen Gemeinschaftshaft und vorl. Entlassung Zwischenstufe: Gefangene außerhalb Anstalt in Landwirtschaft tätig, Kontakt zu Bevölkerung; Erleichtern des Übergangs von Haft zu Freiheit

### 5. Entwicklung in dt. Partikularstaaten

- Hier Reformen nur langsam voran; 1804 vom preuß. Justizministerium Generalplan zur Verbesserung von Strafvollzug; aber wegen Napoleonischer Kriege und fehlender Finanzen gescheitert; ferner neue Theorie (Anselm von Feuerbach) auf Grundlage nach-kantischer Philosophie: Täter entscheidet selbst durch „freien Willen" ob weiter straffällig oder nicht; wenn Staat durch Besserung eingreift, dann Verletzung „freien Willens" und Menschenwürde

- Besserungsgedanke tritt gegenüber Zielen gerechter Tatverschuldung und Generalprävention zurück; man konzentriert sich auf äußere Ordnung (Sauberkeit, geregelter Arbeitsgang, strenge Disziplin durch Ex-Militärs; daher hierarchisch-militärische Grundsätze, Degradierung Gefangener zu Nummern)

- Durch diese Missstände neue Reformen: Gefängnisgesellschaften und – Fürsorgevereine, Ausbildung und seelische Betreuung Gefangener; zur gleichen Zeit Entwicklung der Gefängniswissenschaft, Idee des Besserungsvollzugs im Vordergrund; Einzelhaftanstalten nach pennsylv. Vorbild entstehen (z.B. Berlin-Moabit), aber Strahlenbauweise zu teuer; Anstaltsneubauten Mischform aus Gemeinschafts- und Einzelzellen

- Im Dt. Bund keine einheitliche Regelung über Strafvollzug; Nebeneinander unterschiedlicher Systeme und Formen der Inhaftierung